Hausgemacht

Aufgestrichen

av BUCH

Hausgemacht

Aufgestrichen

Rosemarie Zehetgruber

AUFSTRICHE, CREMES UND DIPS

mit viel Geschmack

av BUCH

Der Mensch lebt nicht vom Brot allein.
Ludwig Marcuse

Inhalt

Vorwort

Seit Jahrtausenden zählt Brot zu unseren Grundnahrungsmitteln. Doch der Mensch lebt ja bekanntlich nicht vom Brot allein, wir wollen auch einen Belag. Meist landen Butter, Wurst oder Käse auf der Brotscheibe oder im Gebäck, was aber den meisten auf Dauer zu langweilig ist. Pikante und süße Aufstriche sorgen für Abwechslung. Sie sind zudem wesentlich leichter, gesünder und zumeist deutlich preiswerter.

Ob süß oder herzhaft, scharf oder mild – Aufstriche, Cremes und Dips sind eine Bereicherung für Frühstück, Pausenbrot, Picknick, Heurigenbuffet, Abendessen, für Jause oder Party. Auch als raffinierte Vorspeise werden die köstlichen Toppings mit Brot, Toast, Bagel, Wrap, Gemüsesticks, Kartoffeln oder Knabbergebäck serviert. Aufstriche sind im Handumdrehen herzustellen, vielseitig einsetzbar und gut vorzubereiten. Wahrscheinlich sind sie deshalb auch so beliebt.

Schon seit einigen Jahren haben sie die Regale der Supermärkte erobert. Wirklich gut schmecken Aufstriche aber nur selbst gemacht: frisch, ohne

Konservierungsstoffe und voll natürlichem Geschmack! Grundlage ist dabei eine streichfähige Basis wie etwa Topfen, Frischkäse, gekochte Hülsenfrüchte, Gemüse, Obst, Kartoffeln, Getreide, Fisch oder Fleisch. Hochwertige Öle, frische Kräuter, Nüsse, Samen und feine Gewürze liefern den ausgezeichneten Geschmack und das tolle Aroma. Aufstriche eignen sich perfekt dazu, die verschiedensten Zutaten miteinander zu kombinieren und nach Lust und Laune zu variieren. Erlaubt ist, was gefällt und schmeckt. Ob herzhaft und bodenständig, mediterran oder asiatisch – der Fantasie sind nahezu keine Grenzen gesetzt.

Das Buch bietet eine breit gefächerte Sammlung von Rezepten, die mir und meiner Familie besonders gut schmecken und in unserem Freundeskreis großen Anklang finden. Die meisten sind ausgesprochen einfach zuzubereiten, was in vielen Haushalten ein nicht ganz unerheblicher Vorteil ist, da es oft schnell gehen muss. Wenige, aber dafür besonders hochwertige Zutaten rasch miteinander verrührt – und schon ist der Aufstrich fertig. Mit duftendem Brot, einer Schüssel Salat oder Gemüsesticks ist damit ein vollwertiges Abendessen bereitet.

Der Rezeptteil ist gegliedert in zunächst die „Klassiker", die sicher die eine oder andere Kindheitserinnerung wecken. Für dieses Buch wurden sie kalorisch etwas „abgespeckt". Es folgt ein Kapitel mit Aufstrichen, die sehr einfach gelingen und ganz schnell zubereitet sind. Im Kapitel „Extravagant" werden Aufstriche mit ungewöhnlichen Zutaten und einer teilweise etwas aufwendigeren Zubereitung präsentiert – ideal für ganz besondere Anlässe oder Einladungen. Zu guter Letzt finden sich auch noch süße Aufstriche in der Rezeptsammlung. Sie schmecken köstlich auf getoastetem Vollkorn- oder Weißbrot, auf Reiswaffeln oder als Fülle in Palatschinken.

Wer Wert auf frische, schmackhafte und gesunde Küche legt, findet in diesem Buch sicher viele alltagstaugliche Rezepte für die ganze Familie.

Guten Appetit wünscht

R. Zehetgruber

Aufstriche
IN DER MODERNEN KÜCHE

Keine Frage: Ein Butterbrot mit frischem Schnittlauch ist ein Hochgenuss! Auch die Aufstriche in diesem Buch bestechen häufig durch ihre Einfachheit. Ganz im Sinne von: wenige Zutaten – purer Geschmack. Allerdings, je einfacher das Rezept, desto wichtiger ist die Qualität der Zutaten.

Verwenden Sie nach Möglichkeit Zutaten aus biologischer Landwirtschaft. Diese sind geschmackvoller als konventionell erzeugte und sie enthalten auch weniger Schadstoffe. Auch der Gehalt an wertvollen Inhaltsstoffen liegt oft deutlich über dem von herkömmlich produzierten Lebensmitteln. Verwenden Sie Zitrusfrüchte unbedingt ausschließlich in Bio-Qualität, besonders wenn auch die Schale mitverarbeitet wird.

Bei Obst und Gemüse verwenden Sie am besten immer frische Saisonware. Die Wintertomaten sind wohl rot, aber richtig aromatisch schmecken sie nicht. Nur Früchte, die ausreichend Zeit und Sonne zum Reifen haben, bilden das volle Aroma und einen optimalen Gehalt an Vitaminen, Mineral- und sekundären Pflanzenstoffen aus. Saisonales Obst und Gemüse aus der Region schmeckt daher in aller Regel besser und hat einen bedeutend höheren Nährwert. Direkt vom Feld oder aus dem Garten ist der Vitamingehalt am höchsten. Lassen Sie daher schlappe Karotten, welken Spinat oder schrumpelige Äpfel im Regal liegen. Frische Früchte sind knackig! Verwenden Sie die frischen Lebensmittel rasch, denn was zu lange im Kühlschrank liegt, verliert an Gehalt und Geschmack.

Bei ehemaligen „Kolonialwaren" wie Gewürzen, Kakao & Co. sollten biologisch erzeugte Produkte aus fairem Handel Ihre erste Wahl sein. Erkennbar sind diese an der Bio-Kennzeichnung und am Fair-Trade-Siegel.

Die richtige Basis

Streichfähig und schön cremig – der ideale Aufstrich ist nicht zu fest und schon gar nicht so weich, dass er gleich wieder das Weite sucht und vom Brot „läuft". Um die richtige Konsistenz zu erreichen, benötigt man die passende Grundlage. Fast aus allen Lebensmitteln lassen sich selbst gemachte Auf-

striche zaubern. Besonders geeignete „Grundzutaten“ stelle ich Ihnen auf den folgenden Seiten vor.

Frischkäse

Erfrischend und leicht: In der Aufstrichküche haben die mild-würzigen Frischkäse wie Topfen, Hüttenkäse, Mascarpone, Mozzarella, Ricotta und Co. einen festen Platz. Frischkäse wird aus der Milch von Kühen, Schafen, Ziegen oder Büffeln hergestellt. Die Milch wird mithilfe von Lab- oder Milchsäuregerinnung dickgelegt und ist dann auch schon fertig zum Verzehr. Frischkäse ist also nichts anderes als ungereifter oder kaum gereifter Käse, weshalb er auch leicht verdaulich und gut bekömmlich ist. Frischkäse enthält hochwertiges Eiweiß, wichtige Vitamine (z.B. Vitamine D, A) und Mineralstoffe. Berühmt ist er wegen seines hohen Gehalts an Kalzium, einem Mineralstoff, der nicht nur als Baustein für Knochen und Zähne, sondern auch für die Funktion der Muskeln große Bedeutung hat.

Die verschiedenen Frischkäsesorten haben einen Wassergehalt zwischen 62 und 81%. Der hohe Wasseranteil relativiert die Fettangaben auf der Packung, die sich auf die Trockenmasse beziehen. Frischkäse mit 50% Fett in der Trockenmasse (F. i. T.) weist absolut nur etwa 15% Fett auf. Doppelrahmfrischkäse ist somit fettärmer als die meisten Wurstsorten! Frischkäse muss gekühlt gelagert werden und ist nur kurz haltbar. Angebrochen hält er sich im Kühlschrank, je nach Sorte, etwa eine Woche.

Hülsenfrüchte

Die frischen und getrockneten Samen von Linsen, Kichererbsen, Erbsen und den geschätzten 500 verschiedenen Bohnensorten – ob feuerrot, pechschwarz, weiß, violett, grün oder gesprenkelt – gehören zu den Hülsenfrüchten. Lange Zeit wurden sie als nahrhaftes „Fleisch des Feldes“ geschätzt, in den letzen Jahrzehnten jedoch mehr und mehr aus unseren Kochtöpfen verdrängt. Zu Unrecht, sind sie doch die eiweißreichsten pflanzlichen Lebensmittel, zudem ballaststoffreich und fettarm. Hülsenfrüchte sind auch reich an Vitaminen der B-Gruppe und enthalten darüber hinaus Kalium, Kalzium, Phosphor sowie Eisen in beachtlichen Mengen.

Hülsenfüchte sind roh nicht genießbar. Sie werden meist über Nacht eingeweicht – das Einweichwasser danach bitte wegschütten, denn es enthält unverträgliche (u. a. blähende) Substanzen – gespült und in frischem Wasser gar gekocht.

Man kann Gewürze von Beginn an ins Kochwasser geben, Salz hingegen erst gegen Ende der Kochzeit, da sonst die Samen nicht weich werden. Dann die gekochten Hülsenfrüchte mit etwas Flüssigkeit pürieren und fertig ist eine wunderbar cremige Basis für diverse Aufstriche.

Gewürzt wird kräftig mit Curry, Ingwer, Koriander, Chili, Bohnenkraut, Rosmarin, Thymian oder Salbe. Diese Gewürze verleihen der Speise nicht nur ein besonderes Aroma, sondern sie unterstützen auch die Verdauung. Damit die Gewürze oder Hülsenfrüchte ihren Geschmack voll entfalten, am Schluss der Zubereitung etwas Säure zugeben (z. B. Essig oder Zitronensaft).

Tofu

Tofu wird aus Sojabohnen hergestellt. Diese zählen ebenfalls zu den Hülsenfrüchten und sind besonders eiweißreich. Mit ungefähr 37 % enthält Soja rund doppelt so viel Eiweiß wie Fleisch. Für die Tofuproduktion werden die Sojabohnen gemahlen, in Wasser eingeweicht und aufgekocht. Anschließend werden die Schalenteile durch Abseihen entfernt. Die so entstandene „Sojamilch" wird mit Salz, Essig oder Zitronensaft zum Gerinnen gebracht. Dabei entsteht eine Masse, die in ihrer Konsistenz Topfen bzw. Frischkäse ähnlich ist. Fertiger Tofu wird in Blöcke geschnitten und verpackt. Tofu hat von Natur aus wenig Eigengeschmack oder Geruch. Geräucherter Tofu schmeckt dagegen würzig.

Getreide

Jede Getreideart ist als Grundlage für einen Aufstrich geeignet. Besonders würzig schmeckt Grünkern, eine in der Milchreife geerntete, getrocknete Form des Dinkels. Aber auch Dinkel, Weizen, Hafer, Gerste, Buchweizen, Einkorn oder Polenta schmecken sehr lecker, wenn man sie zu Cremes oder Aufstrichen verarbeitet. Dafür bereiten Sie das Getreide folgendermaßen zu: Geschrotetes Getreide oder Vollkorngrieß in der doppelten bis dreifachen Menge Flüssigkeit unter Rühren einige Minuten garen und zugedeckt etwa 15 Minuten ausquellen lassen. Hirse, Quinoa oder Amarant haben eine kleine Korngröße, sie können im Ganzen weich gekocht und dann zu einem Aufstrich weiterverarbeitet werden.

Getreide ist besonders reich an dem komplexen Kohlenhydrat Stärke. Der ernährungsphysiologische Vorteil von Stärke liegt darin, dass sie nur langsam ins Blut aufgenommen wird. Daher steigt der Blutzuckerspiegel nur allmählich an und das Sättigungsgefühl hält lange vor. Getreide enthält nur wenig Fett und seine Qualität ist

dazu besonders hoch, da es einen hohen Gehalt an mehrfach ungesättigten Fettsäuren hat. Auch die enthaltenen Vitamine, Mineralstoffe, sekundären Pflanzenstoffe und besonders die Ballaststoffe sind gut für unsere Gesundheit. Getreide ist also nicht ohne Grund weltweit die wichtigste Nahrungsgrundlage der Menschen.

Kartoffeln

Richtig wohlschmeckende Kartoffeln sind eine Offenbarung. Kartoffeln haben aber nicht nur kulinarisch, sondern auch ernährungsphysiologisch viel zu bieten: Der Kaloriengehalt ist mit rund 70 kcal pro 100 g gering, die Dichte an wertvollen Nährstoffen ist jedoch sehr hoch. Kartoffeln sind reich an komplexen Kohlenhydraten und an Vitaminen – der hohe Vitamin-C-Gehalt hat ihnen sogar den Namen „Zitrone des Nordens" eingebracht.

Herausragend ist auch der Gehalt an den Mineralstoffen Kalium und Magnesium. Mehlig kochende Karoffeln besitzen den höchsten Stärkegehalt, werden beim Kochen weich und zerfallen leicht. Sie bringen also in puncto Aufstriche ideale Voraussetzungen mit. Wichtig: Kartoffeln nicht zu lange rühren oder pürieren, da die Kartoffelmasse sonst zäh wird.

Gemüse und Obst

Auch Gemüse und Obst der Saison eignen sich wunderbar als Ausgangsbasis. Rohe Früchte werden vor der Weiterverarbeitung fein geraspelt, gewürfelt oder püriert. Wurzelgemüse wie Karotten, Pastinaken, Rote Rüben oder Sellerie ergeben gedünstet oder gedämpft und dann püriert eine geschmackvolle Grundlage für Aufstriche. Auch Brokkoli, Melanzani, Erbsen, Kürbis, Zucchini, Gurken, Spargel, Tomaten, Zwiebel, Lauch und diverse andere Gemüse lassen sich zu köstlichen Aufstrichen verarbeiten. Lassen Sie Ihrer Fantasie freien Lauf!

Gemüse und Obst schützen erwiesenermaßen vor Krebs und Herz-Kreislauf-Erkrankungen und helfen, Übergewicht zu vermeiden. Neben lebensnotwendigen Vitaminen und Mineralstoffen liefern Gemüse und Obst sekundäre Pflanzenstoffe, die das Immunsystem stärken, die Zellen schützen, die Entgiftungssysteme ankurbeln sowie Herz und Blutgefäße schonen.

Nüsse und Saaten

Nüsse und Saaten (Sesam, Sonnenblumenkerne, Kürbiskerne, Leinsamen etc.) bilden geröstet und fein vermahlen oder eingeweicht und püriert eine streichfähige Masse. Sie sind gute „Bindemittel" und verleihen dem Aufstrich obendrein ein ganz besonderes Aroma. Vermischt mit Frischkäse, Gemüse, Obst oder Getreide hält sich die Kalorienmenge in Grenzen. Nüsse und Saaten haben eine positive Wirkung auf das Herz-Kreislauf-System und die Blutfettwerte. Verantwortlich dafür sind die reichlich enthaltenen mehrfach ungesättigten Fettsäuren. Aber

auch Vitamin E, Folsäure, Vitamin B6, Niacin, Magnesium, Zink, Kalium, Ballaststoffe und sekundäre Pflanzenstoffe tragen zum hohen Gesundheitswert bei. Des Weiteren enthalten Nüsse Cholin, einen Baustoff für den Botenstoff Acetylcholin, der den Informationsfluss zwischen den Nervenzellen regelt und die Konzentrationsfähigkeit begünstigt. Nicht umsonst enthält das bekannte „Studentenfutter" reichlich Nüsse.

Aus all diesen Gründen wird empfohlen, täglich ein paar Nüsse zu knabbern – oder in Form eines Aufstrichs zu genießen. Geschälte, gehackte oder geriebene Nüsse sollten kühl, dunkel, trocken und luftig gelagert werden – am besten in dicht schließenden Gefäßen, da sie gerne Umgebungsgerüche annehmen. Nüsse eignen sich auch gut zum Einfrieren. Angeschimmelte und dunkel verfärbte Nüsse sollten Sie keinesfalls essen, sie sind gesundheitsschädigend. Wenn Sie Nüsse ohne Schale oder in geriebener Form kaufen, beachten Sie bitte unbedingt das Haltbarkeitsdatum.

Fisch

Der Trend zu gesunder Ernährung und Wellness macht Fisch zu einem immer beliebteren Lebensmittel. Ernährungsgesellschaften empfehlen, Fisch mindestens ein- bis zweimal pro Woche auf den Speiseplan zu setzen. Doch rund 70 % der weltweiten Fischbestände sind überfischt. Viele Fische stehen auf der Liste der bedrohten Arten und werden trotzdem zum Verkauf und Verzehr angeboten. Als gesunde und nachhaltige Alternative bietet sich deshalb heimischer Süßwasserfisch (z. B. Karpfen, Forelle, Saibling, Zander) und Meeresfisch aus nachhaltiger Fischerei an.

Fischfleisch ist leicht verdaulich und sehr gut bekömmlich. Der Eiweißgehalt liegt je nach Fischart zwischen 16 und über 20 %. Zudem enthalten die nahrhaften Wasserbewohner reichlich Vitamine (z. B. die Vitamine A und D, aber auch B-Vitamine) und wichtige Mineralstoffe. Das ungeliebte Cholesterin kommt so gut wie gar nicht vor. Und Fisch ist ein guter Lieferant von Omega-3-Fettsäuren. Diese speziellen Fettsäuren sind für den Menschen lebensnotwendig. Wir müssen sie daher über die Nahrung aufnehmen, da sie unser Körper nicht selbst bilden kann. Omega-3-Fettsäuren spielen eine wichtige Rolle u.a. für die Vorbeugung von Herz-Kreislauf-Erkrankungen.

Fleisch, Fleischwaren

Fleisch und Geflügel liefern neben hochwertigem Eiweiß viele weitere wichtige Nährstoffe wie B-Vitamine, Eisen und Zink. Achten Sie beim Einkauf unbedingt auf den Fettgehalt. Für manche Aufstriche ist gepökeltes und geräuchertes Fleisch die Basis. Gute Schinken sind saftig, zart und mildwürzig im Geschmack. Um eine gute Fleischqualität zu produzieren, ist nicht nur handwerkliches Können gefragt. Entscheidend ist vor allem die Beschaffenheit des Rohproduktes. Achten Sie daher besonders beim Einkauf von Fleisch und Fleischwaren auf beste Qualität.

Eier

Eiaufstriche gelten hierzulande als beliebte Klassiker bei Partys, beim Heurigen und für Brötchenbuffets. Sie werden aus hart gekochten Hühnereiern zubereitet. Eier sind ganz besondere Lebensmittel – klein, zerbrechlich und vollgepackt mit Lebensenergie und hochwertigem Eiweiß. Der Eidotter enthält Fette und Fettbegleitstoffe wie Cholesterin oder Lecithin.

Eier sind zudem reich an Kalium, Eisen und Phosphor. Auch Spurenelemente wie Kupfer, Mangan, Jod und Fluor stecken im Ei. Es sind sowohl wasserlösliche als auch fettlösliche Vitamine enthalten, die einen erheblichen Teil des Tagesbedarfes decken können.

Würzen – GEWUSST WIE

Beim Würzen von Aufstrichen sind Ihrer Fantasie keine Grenzen gesetzt. Je nach persönlichem Geschmack aromatisieren Sie mit kalt gepressten Ölen, Nüssen, Zwiebeln, Knoblauch, Kräutern und Gewürzen. Die Angaben in den Rezepten sind lediglich Ideen und Vorschläge, die Variationsmöglichkeiten sind enorm. Probieren Sie es einfach aus, wählen Sie eine Aufstrichbasis und würzen Sie diese ganz nach Ihrem Geschmack.

Experimentieren erlaubt

Schmökern Sie ein wenig in Ihren Lieblingskochbüchern. Geschmackskombinationen, die in Salaten, Suppen und Hauptgerichten harmonieren, passen meist auch bei Aufstrichen gut: Traditionellerweise kommen neben Salz und Pfeffer oft Kren, Kümmel, Paprikapulver, Senf, Zwiebeln, Knoblauch, Schnittlauch und Petersilie als würzende Zutat vor. Wer es mediterran liebt, würzt zum Beispiel mit Rosmarin, Thymian, Basilikum, Oliven und getrockneten Tomaten. Wer ein etwa ein karibisches Flair bevorzugt, schmeckt mit Zwiebeln, Chili, Piment, Kokosmilch, Zimt- und Nelkenpulver ab (Vorsicht: Nelkenpulver sollten Sie sehr sparsam verwenden, da es sich leicht in den Vordergrund drängt). Ein asiatisches Aroma verleihen z. B. Zitronengras, Limette oder Zitrone, Sojasoße, Ingwer, Kreuzkümmel, Galgant, Kardamom, Kurkuma, Koriandergrün und Knoblauch. Kommen Curry oder Garam masala dazu, dann erhält der Aufstrich eine angenehm indische Note. Dille, Minze, Melisse, Kerbel, Estragon, Petersilie und Schnittlauch sind weitere Möglichkeiten, dem Aufstrich ein besonderes, kräuterfrisches Flair zu verleihen.

Verwenden Sie Kräuter möglichst frisch – sei es aus dem eigenen Garten, vom Fensterbrett oder frisch im Lebensmittelgeschäft gekauft. Eine geschmackvolle Alternative sind gefrorene Kräuter. Wenn Sie getrocknete Kräuter verwenden, zerreiben Sie diese zwischen Ihren Handflächen, so entfalten sie ihr einzigartiges Aroma viel besser. Auch Pfeffer, Muskat, Chili, Ingwer, Kümmel, Kreuzkümmel, Koriander und Co. haben frisch gemahlen oder zerrieben einen viel intensiveren Duft und Geschmack. Besonders bei Aufstrichen auf Getreide-, Kartoffel- und Hülsenfruchtbasis sollten Sie mit Gewürzen nicht sparen. Diese Grundzutaten saugen die Aromen förmlich auf!

Kalt gepresste Öle

Kalt gepresste Öle schmecken viel aromatischer und sind aufgrund der enthaltenen Fettsäuren wesentlich wertvoller als raffinierte Öle. Probieren Sie fruchtiges Oliven-, Sonnenblumen- oder Leinöl, würziges Kürbiskern- und nussiges Sesamöl (aus gerösteten Sesamsamen ist es besonders aromatisch) oder Walnussöl – der Unterschied ist enorm. Da kalt gepresste Öle rascher ranzig werden können, ist es ratsam, sie in kleinen Mengen einzukaufen. Lagern sollte man sie lichtgeschützt (z. B. in dunklen Flaschen) und kühl.

Große und KLEINE HELFER

Für die Aufstrichküche sind nur wenige Küchenwerkzeuge wirklich notwendig. Eine Schneidevorrichtung (z.B. ein großes Brett) und scharfe Messer sowie ein Mixstab zum Pürieren. Denn: Je feiner die Zutaten, desto besser verbinden sich die Aromen.

Mitmachen erlaubt!

Bei der Zubereitung von Aufstrichen finden „mother's little helpers" ein breites Betätigungsfeld: Kinder können beim Schneiden, Raspeln, Rühren, Pürieren und Abschmecken gut helfen. Selbst Hand anlegen macht Spaß und Kinder trainieren dadurch Fähigkeiten und Fertigkeiten, die sie später einmal gut gebrauchen können; für einen eigenverantwortlichen und gesunden Umgang mit Ernährung. Sie erfahren, wie die einzelnen Zutaten aussehen, riechen, schmecken und wie sie sich anfühlen. Was Eltern besonders freut: Wenn Mädchen und Buben bei der Zubereitung von Aufstrichen mithelfen dürfen, schmecken sie ihnen gleich nochmal so gut.

Das Auge isst mit

Genauso wichtig wie Geschmack und Nährwert ist das Aussehen der Aufstriche. Das Auge isst ja bekanntlich mit. Im Folgenden finden Sie einige Ideen, wie Sie Ihren Kreationen ein appetitliches Aussehen verleihen:

• Servieren Sie Aufstriche nicht einfach nur in Schüsseln. Richten Sie die Aufstriche einmal in kleinen Schälchen, Trink- oder Einmachgläsern an.

• Aufstriche werden traditionell zu Brot oder Gebäck gereicht. Auch hier tut Abwechslung gut: Schwarzbrot, Nussbrot, Weißbrot, Baguette, Bagels, Südtiroler Schüttelbrot, Partygebäck, Cracker, Grissini, Ciabatta, Brotchips (sehr dünn geschnittenes, getoastetes Schwarzbrot), und, und, und. Diese Aufzählung ließe sich endlos fortsetzen. Viele Aufstriche eigenen sich auch hervorragend als Fülle in Wraps oder Palatschinken.

• Bei Groß und Klein sind Aufstriche und Dips sehr beliebt, in die die unterschiedlichsten Leckereien getaucht werden dürfen. Da kommt so mancher Obst- und Gemüsemuffel doch noch auf den Geschmack. Zum Dippen eignen sich Gemüsesticks aus Karotten, Salatgurke, Kohlrabi, Stangensellerie, Paprika oder Zucchini, Radieschen, kurz gedünsteten Karfiol- oder Brokkoliröschen, Apfelspalten, Birne, Zuckermelone oder Nektarine.

• Obst und Gemüse sind nicht nur eine tolle Basis, sie sind auch als dekorative „Unterlage" bestens geeignet. Dressieren Sie Aufstriche auf Gurken-, Apfel-, Birnen- oder Rote-Rüben-Scheiben oder versehen Sie sie mit einer Hülle aus roten Radicchio- oder gelben Chicoréeblättern. Auch Cremes, die in hauchdünn geschnittene Zucchini- oder Karottenstreifen bzw. in mit Schnittlauch zusammengebundene Mangold- bzw. Kohlblätter eingewickelt sind, kommen nicht nur bei Gästen besonders gut an.

Haltbarkeit

Aufstriche mit frischen Zutaten, also vielen frischen Kräutern, rohen Zwiebeln oder geraspeltem Gemüse und Obst schmecken am besten am Tag der Zubereitung. Speziell Zwiebeln bekommen nämlich mit der Zeit einen bitteren Geschmack. Die meisten anderen Aufstriche sind im Kühlschrank gut verschlossen mehrere Tage haltbar. Bei manchen Aufstrichen, etwa solchen auf Frischkäsebasis, setzt sich oft etwas Flüssigkeit ab. Das ist aber nicht weiter schlimm, einfach vor dem Servieren wieder gut durchrühren. Selbstverständlich können Sie von den Aufstrichen auch etwas größere Mengen zubereiten und diese dann portionsweise tiefkühlen.

Die richtige Menge

Zugegeben, bei Aufstrichen ist es nicht gerade einfach, immer gleich die richtige Menge zuzubereiten. Dabei kommt es sehr darauf an, zu welcher Gelegenheit Sie den Aufstrich servieren wollen. Ist er als Hauptkomponente für ein

Abendessen mit Brot und Gemüsesticks gedacht, sollten Sie etwas mehr pro Person rechnen. Ist er jedoch als schnelle Vorspeise im Rahmen eines dreigängigen Menüs vorgesehen, darf es etwas weniger sein. Grundsätzlich rechnet man als Brotbelag ca. 30–40 g Aufstrich pro Brotscheibe. Lassen Sie sich aber diesbezüglich keine grauen Haare wachsen: Die im Buch angegebenen Mengen reichen auf jeden Fall für 4–6 Personen – wie gesagt, je nachdem, was Sie damit vorhaben. Wenn es dann doch einmal zu viel ist, können Sie – wie oben erwähnt – fast alle Aufstriche problemlos einfrieren.

Und wenn es doch einmal zu wenig ist? Dann denken Sie einfach an Friedrich Torbergs „Tante Jolesch", deren Krautfleckerln deswegen so gut und beliebt gewesen sind, weil sie nie genug davon zubereitet hat. Da aber die meisten Aufstriche sehr rasch gemacht sind, ist auch schnell und einfach für genügend Nachschub gesorgt.

Klassiker

Frühlingsaufstrich

Zutaten

- 1 Bund Radieschen
- 1 Frühlingszwiebel
- 1/2 Bund Schnittlauch
- 200 g Magertopfen
- 2 EL Sauerrahm
- Salz
- 1 EL Zitronensaft
- Pfeffer aus der Mühle

Zubereitung

Radieschen raspeln oder in kleine Würfel schneiden, Zwiebel und Schnittlauch in feine Ringe schneiden. Topfen und Sauerrahm verrühren, Gemüse und Kräuter untermischen. Mit Salz, Zitronensaft und Pfeffer abschmecken.

Apropos

Mitbringsel vom Frühlingsspaziergang wie zarte Brennnesselblättchen, Sauerampfer-, Bärlauch-, Schafgarben- oder Gänseblümchenblätter sind fein gehackt eine hervorragende Ergänzung zu beiden Aufstrichen.

Kräuteraufstrich

Zutaten

- 250 g Magertopfen
- 2–3 EL Joghurt
- 2 Bund gemischte Kräuter (z. B. Petersilie, Zitronenmelisse, Dille, Estragon, Brunnenkresse, Basilikum, Schnittlauch)
- 1 Knoblauchzehe
- 1 TL Senf
- Salz, Pfeffer aus der Mühle

Zubereitung

Topfen und Joghurt miteinander verrühren. Die Kräuter fein hacken und untermischen. Mit zerdrücktem Knoblauch, Senf, Salz und Pfeffer abschmecken.

Apropos

Dieser Aufstrich schmeckt auch mit nur einer Kräuterart z. B. als Schnittlauch- oder Estragontopfen ausgezeichnet.

Liptauer

Zutaten

- 1 Zwiebel
- 1–2 kleine Essiggurken
- 1 Knoblauchzehe
- 1 TL Kapern
- 1 Bund Schnittlauch
- 200 g Magertopfen
- 3 EL Sauerrahm
- Salz, Pfeffer aus der Mühle
- 1/2 TL Dijonsenf
- 1 TL edelsüßes Paprikapulver
- 1/2 TL gemahlener oder ganzer Kümmel
- 1/2 Chilischote

Zubereitung

Zwiebel, Essiggurken, Knoblauchzehe und Kapern fein hacken. Schnittlauch in feine Ringe schneiden. Topfen und Sauerrahm miteinander verrühren. Zwiebel, Gurken, Knoblauch, Kapern sowie Schnittlauch unterrühren. Mit Salz, Pfeffer, Senf, Paprikapulver und Kümmel abschmecken. Zum Schluss mit einer halben Chilischote garnieren.

Bunter Paprikakäse

Zutaten

- je 1/2 rote, gelbe und grüne Paprikaschote
- 1 Schalotte
- 1 Knoblauchzehe
- 200 g Magertopfen
- 1 EL Sauerrahm
- Salz, Pfeffer aus der Mühle
- 1 TL edelsüßes Paprikapulver
- Saft einer halben Zitrone

Zubereitung

Paprika fein würfeln. Schalotte und Knoblauch fein hacken. Topfen und Sauerrahm mit Paprika, Schalotte sowie Knoblauch verrühren. Mit Salz, Pfeffer, Paprikapulver und Zitronensaft abschmecken.

Apropos

Wer es gern scharf hat, kann auch etwas gehackte Chilischote unterrühren.

Apropos

Liptauer ist der typische Heurigenaufstrich; benannt ist er nach der slowakischen Stadt Liptau. Das Originalrezept wird mit Brimsen zubereitet, einem bröseligen Frischkäse aus Schafmilch, der ursprünglich von Bergbauern in den slowakischen Karpaten hergestellt wurde.

Schinkenaufstrich

Zutaten

- 100 g Beinschinken am Stück
- 3 kleine Essiggurken
- 1 Bund Schnittlauch
- 200 g Frischkäse oder Magertopfen
- Salz, Pfeffer aus der Mühle
- 1 TL Senf
- 1/2 TL edelsüßes Paprikapulver
- Kresse zum Bestreuen

Zubereitung

Beinschinken und Essiggurken fein würfeln, Schnittlauch in feine Ringe schneiden. Alles mit dem Frischkäse oder Topfen verrühren und mit Salz, Pfeffer, Senf und Paprikapulver abschmecken. Den Aufstrich mindestens eine Stunde durchziehen lassen. Mit Kresse bestreut servieren.

Verhackert

Zutaten

- 250 g durchwachsener Räucherspeck
- 1 Knoblauchzehe
- 1 Zwiebel
- eventuell Salz
- Pfeffer aus der Mühle
- 1 TL getrockneter Majoran
- edelsüßes Paprikapulver
- Zwiebelringe

Zubereitung

Räucherspeck ohne Schwarte und Knorpel sehr fein hacken oder durch den Fleischwolf (grobe Scheibe) drehen. Knoblauch und Zwiebel fein hacken. Verhackert mit Knoblauch sowie Zwiebel verrühren und eventuell noch mit etwas Salz (Vorsicht, der Speck ist bereits salzig!), reichlich Pfeffer und zerriebenem Majoran würzen. Vor dem Servieren mit in Paprikapulver gewälzten Zwiebelringen garnieren.

Apropos

Früher stand in vielen Haushalten ein Hackstock, auf dem der Speck zerkleinert bzw. „verhackt“ wurde, daher stammt der Name dieser Speise. Die Spezialität schmeckt besonders gut zu Bauernbrot und einem Glas Wein.

Obatzda

Zutaten

- 250 g sehr reifer Camembert
- 1 Zwiebel
- 1 EL Butter
- Salz, Pfeffer aus der Mühle
- 1 TL edelsüßes Paprikapulver
- 1/2 TL ganzer Kümmel
- 4 EL Bier

Zubereitung

Vom Camembert die Rinde dünn abschneiden, dann den Käse mit einer Gabel zerdrücken. Zwiebel fein hacken. Butter schaumig rühren und mit den restlichen Zutaten gut vermengen. Vor dem Servieren eine Stunde durchziehen lassen.

Apropos

Der Aufstrich wird im Geschmack milder, wenn Sie etwas Topfen oder Frischkäse dazugeben.

Klassiker

Quargelaufstrich

Zutaten

- 1 rote Zwiebel
- 150 g Quargel
- 100 g Frischkäse
- 100 g Magertopfen
- Salz, Pfeffer aus der Mühle

Zubereitung

Zwiebel hacken. Quargel mit einer Gabel sehr fein zerdrücken und mit den restlichen Zutaten vermischen. Vorsicht mit dem Salz: Quargel ist bereits salzig.

Apropos

„Obatzda" wie auch der Quargelaufstrich waren ursprünglich eine Art der Verwertung von überreifen Käseresten. Um den Käse wieder genießbar zu machen, wurde er mit Butter oder Frischkäse und Gewürzen „angemacht" (obatzt).

Kartoffelkäse mit Paprika

Zutaten

- 4 mehlig kochende Kartoffeln
- 1 Zwiebel
- je 1/2 grüne und rote Paprikaschote
- 1/2 Bund Schnittlauch
- 4–5 EL Sauerrahm
- Salz, Pfeffer aus der Mühle

Zubereitung

Kartoffeln kochen, schälen und heiß durch die Kartoffelpresse drücken. Zwiebel fein hacken, Paprika klein würfeln. Schnittlauch in feine Ringe schneiden. Alle Zutaten miteinander verrühren und kräftig abschmecken.

Apropos

Ganz toll macht sich Kartoffelkäse mit blaufleischigen Kartoffelsorten (z. B. „Blaue Trüffelkartoffel" oder „Violetta"). Wer keinen Paprika mag, kann die Paprikawürfel auch weglassen.

Kartoffel-Nuss-Aufstrich

Zutaten

- 3–4 mehlig kochende Kartoffeln
- 70 g Walnüsse
- 1 Knoblauchzehe
- 2 EL Olivenöl
- 150 g Naturjoghurt (eventuell zur Hälfte Sauerrahm)
- Salz
- Saft einer Zitrone

Zubereitung

Kartoffeln kochen, schälen und heiß durch eine Kartoffelpresse drücken. Nüsse hacken, ohne Fett in einer Pfanne leicht anrösten und auskühlen lassen. Knoblauch ganz fein hacken und sanft in Olivenöl anbraten; er sollte nicht braun werden. Alle genannten Zutaten mit dem Joghurt verrühren und mit Salz sowie Zitronensaft abschmecken.

Kürbisaufstrich

Zutaten

- 300 g Kürbisfleisch (Muskat oder Hokkaido)
- 1 Knoblauchzehe
- 1 kleine Essiggurke
- 1/2 Bund Petersilie
- 50 g Kürbiskerne
- 1 Zwiebel
- 1 EL Rapsöl
- 200 g Frischkäse
- 1 EL Kürbiskernöl
- Salz, Pfeffer aus der Mühle

Zubereitung

Kürbisfleisch raspeln, Knoblauch fein hacken, Essiggurke fein würfeln und Petersilie fein schneiden. Kürbiskerne grob hacken. Zwiebel ebenfalls hacken und in Rapsöl andünsten. Kürbisfleisch dazugeben, einige Minuten mitdünsten und dann alles abkühlen lassen. Nach dem Abkühlen pürieren und mit Frischkäse sowie den restlichen Zutaten (außer Salz und Pfeffer) verrühren. Mit Salz und Pfeffer abschmecken.

Apropos

Wenn Sie die Kürbiskerne vor dem Hacken ohne Fett in einer beschichteten Pfanne leicht anrösten, entfalten sie ihr Aroma noch besser.

Kürbiskernaufstrich

Zutaten

- 1–2 Knoblauchzehen
- 1 rote Zwiebel
- 100 g Kürbiskerne
- 100 g Magertopfen
- 3 EL Sauerrahm
- 2 EL Kürbiskernöl
- Salz
- 3 EL ganze Kürbiskerne

Zubereitung

Knoblauch und Zwiebel fein hacken. Kürbiskerne ebenfalls fein hacken. Knoblauch, Zwiebel, Kürbiskerne, Topfen, Sauerrahm sowie Kernöl miteinander verrühren. Mit Salz abschmecken und geröstete ganze Kürbiskerne darüberstreuen.

Apropos

Aufstriche mit frischer Zwiebel sollten am Tag der Zubereitung verzehrt werden, da die Zwiebel sonst rasch einen leicht bitteren Geschmack bekommt.

Eieraufstrich

Zutaten

- 5 Eier
- 1 Schalotte
- 2 Sardellenfilets
- 1 TL Kapern
- 30 g weiche Butter
- 3 EL Sauerrahm
- 1/2 TL Dijonsenf
- Salz, Pfeffer aus der Mühle

Zubereitung

Die Eier 8–10 Minuten kochen, mit kaltem Wasser abschrecken, schälen und fein hacken. Schalotte, Sardellen und Kapern fein hacken. Butter schaumig rühren und Sauerrahm einrühren. Eier, Schalotte, Sardellen und Kapern ebenfalls untermischen und mit Senf, Salz und Pfeffer abschmecken.

Apropos

Auch geriebener Kren und eine geriebene Karotte passen sehr gut dazu.

Klassiker

Eier-Topfen-Aufstrich

Zutaten

- 1 kleine Zwiebel
- 2 kleine Essiggurken
- 1 Bund Schnittlauch
- 4 Eier
- 4 EL Magertopfen
- 2 EL Naturjoghurt oder Sauerrahm
- 1 TL eingelegte, grüne Pfefferkörner
- Salz, Pfeffer aus der Mühle

Zubereitung

Die Eier 8–10 Minuten kochen, mit kaltem Wasser abschrecken und schälen. Zwiebel und Essiggurken fein hacken. Schnittlauch in feine Ringe schneiden. Eidotter vom Eiklar trennen. Alle Eidotter und ein Eiklar mit Topfen, Joghurt bzw. Sauerrahm und allen Würzzutaten mit dem Stabmixer pürieren. Dann die restlichen drei Eiklar zusammen mit der feinwürfelig geschnittenen Zwiebel, den ebenso vorbereiteten Essiggurken sowie dem Schnittlauch untermischen und abschmecken.

Apropos

Als Variante können Sie den Eier-Topfen-Aufstrich mit Curry und Chili abschmecken.

Schnell
& Gut

Paprika-Schafkäse-Aufstrich

Zutaten

- 2–3 Paprikaschoten (beliebige Farben)
- 1 kleine Zwiebel
- 1/2 Bund Schnittlauch
- 150 g Schafkäse (Feta)
- 2 EL Sauerrahm
- 1 Knoblauchzehe
- Salz, Pfeffer aus der Mühle

Zubereitung

Paprikaschoten waschen, halbieren, die Kerne entfernen und in kleine Würfel schneiden. Zwiebel fein hacken, Schnittlauch in feine Ringe schneiden. Schafkäse mit Sauerrahm verrühren, Zwiebel und Paprika untermischen. Mit fein gehacktem Knoblauch, Schnittlauch, Salz und Pfeffer abschmecken.

Apropos

Aufstriche mit Schafkäse bitte vorsichtig salzen, der Käse ist meist schon recht salzig.

Schafkäse-Dille-Aufstrich

Zutaten

- 200 g Schafkäse (Feta)
- 100 ml Naturjoghurt
- 1 Bund Dille
- Salz, Pfeffer aus der Mühle

Zubereitung

Schafkäse mit einer Gabel zerdrücken und mit Joghurt verrühren. Dille fein hacken und untermischen. Mit Salz und Pfeffer abschmecken.

Apropos

Wunderbar schmeckt auch die Kombination Schafkäse mit Rucola. Dafür ersetzen Sie die Dille einfach durch gehackte Rucolablätter.

Tsatsiki mit Schwarzkümmel

Zutaten

- 1–2 Gurken (je nach Größe)
- 250 ml Naturjoghurt
- ein paar frische Minzeblätter
- 1/2 TL ganze Schwarzkümmelsamen
- Salz

Zubereitung

Gurke(n) schälen, Kerne entfernen, fein würfeln oder grob raspeln. Joghurt, Schwarzkümmel, gehackte Minze und Salz unterrühren und sofort servieren, da das Tsatsiki schnell wässrig wird.

Apropos

Bekannter und ebenfalls sehr fein ist Tsatsiki mit 2–3 zerdrückten Knoblauchzehen, Pfeffer und Salz gewürzt. Auch reichlich gehackte Dille passt gut zu dem erfrischenden Gurkengericht. Typisch mediterran servieren Sie den Aufstrich mit Fladenbrot.

Zucchiniaufstrich mit Petersilie

Zutaten

- 400 g Zucchini
- 2–3 Knoblauchzehen
- 1/2 getrocknete Chilischote
- 4 EL Olivenöl
- 1 Bund Petersilie
- Saft und Schale einer Bio-Zitrone
- Salz, Pfeffer aus der Mühle

Zubereitung

Zucchini waschen und fein raspeln. Salzen, etwa 10 Minuten stehen lassen und anschließend ausdrücken. Knoblauch und Chili fein hacken. Zusammen mit der geraspelten Zucchini in in heißem Öl 5 Minuten unter Rühren braten und auskühlen lassen. Mit dem Stabmixer pürieren, mit gehackter Petersilie, Zitronensaft, -schale, Salz und Pfeffer abschmecken.

Spargel-Ziegenkäse-Aufstrich

Zutaten

- 300 g grüner Spargel
- Salz
- eventuell 1 Prise Zucker
- 10 g Butter
- 100 g Ziegenfrischkäse
- 1 Bund Kerbel
- Saft einer halben Bio-Zitrone
- Salz, Pfeffer aus der Mühle

Zubereitung

Den grünen Spargel, wenn notwendig, am unteren Ende schälen. Wasser mit Salz, eventuell einer Prise Zucker und Butter zum Kochen bringen und darin den Spargel bissfest dünsten. Gut abtropfen lassen. Spargelspitzen abschneiden und beiseite stellen.

Spargelstangen in ca. 1/2 cm dicke Scheiben schneiden. Die Hälfte davon mit dem Stabmixer pürieren. Ziegenfrischkäse, gehackten Kerbel und restliche Spargelstücke unterrühren. Mit Zitronensaft, Salz und Pfeffer abschmecken. Mit den Spargelspitzen dekoriert servieren.

Ziegenkäsecreme mit frischen Kräutern

Zutaten

- 200 g Ziegenfrischkäse
- 4 EL Sauerrahm
- 1 Handvoll Kräuter (z. B. Basilikum, Kerbel, Zitronenthymian, Estragon, Petersilie)
- Salz
- 2 EL Walnüsse

Zubereitung

Ziegenfrischkäse und Sauerrahm glatt rühren. Kräuter fein hacken und unter die Käsecreme mischen. Mit Salz würzen. Walnüsse grob hacken, in einer Pfanne ohne Fett leicht anrösten, abkühlen lassen und ebenfalls unterheben.

Apropos

Auch frisch gezogene Sprossen, Kresse oder Gänseblümchen passen gut in diesen Frühlingsaufstrich.

Rote-Rüben-Salsa

Zutaten

- 400 g Rote Rüben
- 1 rote Zwiebel
- je 1 Msp. ganze Koriander- und Fenchelsamen
- 1/2 EL frisch geriebener Ingwer
- 2 EL Olivenöl
- 1 säuerlicher Apfel
- 100 ml Apfelsaft
- Schale einer halben Bio-Zitrone
- 1 Thymianzweig
- Salz

Zubereitung

Rote Rüben schälen und in sehr kleine Würfel schneiden. Zwiebel fein hacken. Koriander sowie Fenchel (am besten im Mörser) zerkleinern und mit dem Ingwer in Öl anbraten. Rote Rüben und Zwiebel dazugeben und mitbraten.

Apfel schälen, entkernen, in kleine Würfel schneiden und in die Pfanne geben. Mit Apfelsaft aufgießen und so lange kochen, bis das Gemüse weich ist. Dann mit Zitronenschale, Thymian und Salz abschmecken. Die Salsa zugedeckt auskühlen lassen.

Apropos

In eine traditionelle Salsa kommen Tomaten, Paprika und Chili. Diese fruchtige Variante mit Roten Rüben und Apfel passt besonders gut zu Ziegenkäse und Nussbrot.

Rote-Rüben-Aufstrich

Zutaten

- 400 g gekochte Rote Rüben
- Saft einer Bio-Zitrone
- 1 EL Honig
- 100 g Sauerrahm oder Frischkäse
- ca. 1 EL frisch geriebener Kren
- Salz

Zubereitung

Rote Rüben grob würfeln und mit dem Pürierstab fein pürieren. Mit Zitronensaft, Honig sowie Sauerrahm gut verrühren. Mit Kren und Salz abschmecken.

Karotten-Kren-Aufstrich

Zutaten

- 200 g Magertopfen
- 3 EL Sauerrahm
- 100 g Karotten
- 1 EL frisch geriebener Kren
- Salz

Zubereitung

Topfen und Sauerrahm glatt miteinander verrühren. Karotten fein raspeln und mit Kren in die Topfencreme mischen. Mit Salz abschmecken.

Apropos

Verwenden Sie Kren immer frisch gerieben. Nur so behält er das volle Aroma und verfärbt sich nicht.

Sesam-Wasabi-Aufstrich

Zutaten

- 4 EL geschälter Sesam
- 200 g Frischkäse
- 3 EL Sauerrahm
- 2 EL Sesamöl
- 1/2 EL frisch geriebener Ingwer
- 1/2 TL Wasabi
- 1 TL Honig
- Salz

Zubereitung

Sesam ohne Fett in einer Pfanne leicht anrösten und auskühlen lassen. Frischkäse und Sauerrahm glatt rühren. Sesam, Sesamöl, Ingwer, Wasabi, Honig und Salz unterrühren und abschmecken.

Apropos

Wasabi ist japanischer Kren und deutlich schärfer als der heimische. Er ist als grüne Paste in Supermärkten und Asia-Läden erhältlich.

Apropos

Avocados sind reif, wenn sie bei leichtem Druck nachgeben. Meistens werden unreife, harte Früchte angeboten. Diese reifen aber bei Zimmertemperatur in 2–4 Tagen nach.

Avocadotatar mit Tomaten

Zutaten

- 1 reife Avocado
- 100 g Cocktailtomaten
- Saft und Schale einer halben Bio-Limette
- 1/2 TL Wasabipaste
- Salz, Pfeffer aus der Mühle

Zubereitung

Avocadofruchtfleisch aus der Schale lösen. Cocktailtomaten waschen. Beides fein würfeln und mischen. Limettenschale und -saft, Wasabipaste, Salz und Pfeffer miteinander verrühren und vorsichtig unterheben.

Schneller Avocadoaufstrich

Zutaten

- 1 reife Avocado
- Saft einer halben Bio-Zitrone oder Bio-Limette
- Salz, Pfeffer aus der Mühle

Zubereitung

Avocado der Länge nach auseinanderschneiden. Kern entfernen und Schnittfläche sofort mit Zitronen- oder Limettensaft beträufeln. Das Fruchtfleisch mit einem Löffel aus der Schale lösen, mit einer Gabel zerdrücken und mit Zitronen- oder Limettensaft, Salz und Pfeffer abschmecken.

Apropos

Dieser Aufstrich harmoniert wunderbar mit gebratenen Garnelen.

Apfel-Schafkäse-Tatar

Zutaten

- 1–2 säuerliche Äpfel
- 200 g Schafkäse (Feta)
- 2 EL Sauerrahm
- 1 kleine Schalotte
- 1 Knoblauchzehe
- Salz, Pfeffer aus der Mühle
- 1 EL Olivenöl
- 1/2 TL Apfelessig oder Zitronensaft
- 1/2 Bund Petersilie

Zubereitung

Äpfel schälen, vierteln und Kerngehäuse ausschneiden. Schafkäse sowie Äpfel in kleine Würfel schneiden und mit dem Sauerrahm verrühren. Schalotte und Knoblauch fein hacken, unterrühren und das Tatar mit Salz, Pfeffer, Öl, Essig oder Zitronensaft sowie gehackter Petersilie abschmecken.

Apfel-Zwiebel-Aufstrich

Zutaten

- 2–3 säuerliche Äpfel
- 2 Zwiebeln
- 3 EL Sonnenblumenöl
- 1/2 Bund Petersilie
- 1 Thymianzweig
- 3 EL Sonnenblumenkerne
- Salz, Pfeffer aus der Mühle

Zubereitung

Äpfel schälen, vierteln und Kerngehäuse ausschneiden. Äpfel sowie Zwiebeln in kleine Würfel schneiden und in Öl andünsten. Mit den gehackten Kräutern und Sonnenblumenkernen mischen. Die Mischung mit dem Stabmixer pürieren und mit Salz und Pfeffer abschmecken.

Grünkernaufstrich

Zutaten

- 250 ml Gemüsebrühe
- 100 g Grünkernschrot
- 1 Zwiebel
- 1 Knoblauchzehe
- 60 g Butter
- 1 Bund Petersilie
- 1 Bund Schnittlauch
- Saft und Schale einer halben Bio-Zitrone
- frisch geriebene Muskatnuss
- Salz, Pfeffer aus der Mühle

Zubereitung

Gemüsebrühe zum Kochen bringen, Grünkernschrot einrühren und bei geringer Hitze zugedeckt ca. 15 Minuten köcheln lassen. Danach vom Herd nehmen und das Getreide weitere 15 Minuten ausquellen lassen.

Grünkernbrei auskühlen lassen. Zwiebel und Knoblauch fein hacken, in 20 g Butter andünsten und ebenfalls auskühlen lassen. Petersilie und Schnittlauch fein schneiden. Restliche Butter schaumig rühren, alle anderen Zutaten zugeben und mit Salz und Pfeffer kräftig abschmecken.

Apropos

Als Basis für Getreideaufstriche eignen sich auch Schrot oder Grieß aus Hafer, Hirse, Gerste oder Dinkel. Buchweizen, Amarant und Quinoa machen sich geschmacklich ebenfalls gut. Gewürzt wird kräftig, z.B. mit Zwiebeln, Lauch, Knoblauch, Jungzwiebeln, frischen Kräutern, Nüssen, Saaten, kalt gepressten Ölen und diversen Gewürzen (z.B. Pfeffer, Piment oder Kümmel).

Rote-Linsen-Aufstrich

Zutaten

- 200 g rote Linsen
- 400 ml Wasser
- 1 Lorbeerblatt
- 1 Gewürznelke
- 2 Frülingszwiebeln
- 50 g Butter oder
  3 EL Sauerrahm
- edelsüßes Paprikapulver
- Salz

Zubereitung

Die Linsen waschen. Im Wasser mit Lorbeerblatt und Nelke kochen. Gewürze herausnehmen und die Linsen mit einem Stabmixer pürieren. Gehackte Zwiebel untermischen. Je nach Belieben mit 50 g weicher Butter oder mit 3 EL Sauerrahm verrühren. Würzig abschmecken.

Apropos

Dieser Aufstrich schmeckt anstelle von Paprika- auch mit Currypulver abgeschmeckt gut.

Scharfe Rote-Linsen-Creme

Zutaten

- 1 Zwiebel
- 200 g rote Linsen
- 400 ml Gemüsebrühe
- 1 EL Olivenöl
- 2 Knoblauchzehen
- 1 EL Tomatenmark
- 1 kleine Chilischote
  (ersatzweise Chilipulver)
- Salz, Pfeffer aus der Mühle
- 5–6 Basilikumblätter

Zubereitung

Zwiebel in feine Würfel schneiden. Linsen waschen und mit Zwiebelwürfeln in der Gemüsebrühe kochen. Knoblauchzehen fein hacken oder pressen und zusammen mit dem Tomatenmark und dem Öl unter die Linsen mischen. Mit fein gehackter Chilischote, Salz, Pfeffer und gehacktem Basilikum würzen.

Apropos

Rote Linsen müssen Sie nicht einweichen, da sie bereits geschält sind. Die Kochzeit beträgt 15–20 Minuten.

Lachsaufstrich mit Dille

Zutaten

- 200 g Magertopfen
- 3 EL Naturjoghurt
- 100 g Räucherlachsfilet
- 1/2 Bund Dille
- 1 TL Kapern
- Salz, Pfeffer aus der Mühle
- Saft einer halben Bio-Zitrone

Zubereitung

Topfen mit Joghurt verrühren. Räucherlachsfilet in Würfel schneiden, Dille und Kapern fein hacken. Alle Zutaten (außer Salz, Pfeffer und Zitronensaft) miteinander vermischen und den Aufstrich erst danach mit Salz, Pfeffer und Zitronensaft abschmecken. Vorsicht mit dem Salz: Räucherlachs schmeckt bereits salzig.

Apropos

Dieser Aufstrich ist eine perfekte Fülle für Wraps.

Karpfenaufstrich

Zutaten

- 200 g geräuchertes Karpfenfilet
- 200 g Ricotta
- Saft und abgeriebene Schale einer halben Bio-Zitrone
- etwas geriebener Ingwer
- Salz, Pfeffer aus der Mühle

Zubereitung

Karpfenfilet mit der Gabel grob zerteilen, mit Ricotta und Zitronensaft vermischen und mit dem Stabmixer pürieren. Mit Ingwer, Salz und Pfeffer abschmecken und mit fein abgeriebener Zitronenschale garnieren.

Apropos

Statt Karpfenfilets können Sie auch Forellenfilets verwenden.

Heringsaufstrich

Zutaten

- 1/2 Salat- oder 1 Feldgurke
- 1 kleine Zwiebel
- 1/2 Bund Schnittlauch
- 150 g Matjeshering
- 100 g Frischkäse
- 2 EL Crème fraîche
- 1–2 EL Dijonsenf
- etwas frisch geriebener Kren
- Salz, Pfeffer aus der Mühle

Zubereitung

Gurke in feine Würfel schneiden, Zwiebel fein hacken, Schnittlauch in feine Ringe schneiden. Matjeshering sehr fein hacken oder zusammen mit Frischkäse, Crème fraîche, Senf und Kren mit dem Stabmixer pürieren. Gurke, Zwiebel sowie Schnittlauch unterrühren und mit Salz und Pfeffer abschmecken.

Makrelenaufstrich mit Kapern

Zutaten

- 1 geräucherte Makrele
- 150 g Frischkäse
- 2 Sardellenfilets
- 1 TL Kapern
- 1/2 TL eingelegter, grüner Pfeffer
- 1 TL Dijonsenf
- Salz, Pfeffer aus der Mühle

Zubereitung

Von der Makrele Kopf und Schwanz entfernen, den Fisch häuten, von den Gräten befreien und klein schneiden. Alle Zutaten miteinander vermischen, mit dem Stabmixer pürieren und den Aufstrich gut durchziehen lassen.

Gorgonzola-Aufstrich

Zutaten

- 1/2 Bund Petersilie
- 2 EL Walnusskerne
- 150 g Gorgonzola
- 2 EL Naturjoghurt
- 2 EL Sauerrahm
- 1 TL Walnussöl
- Pfeffer aus der Mühle

Zubereitung

Petersilie fein hacken, Walnusskerne grob hacken und ohne Fett in einer Pfanne leicht anrösten. Gorgonzola mit Joghurt und Sauerrahm verrühren. Die restlichen Zutaten untermischen und mit Pfeffer abschmecken.

Apropos

Diesen Aufstrich können Sie auch als würzigen Dip zu Birnen, Stangensellerie und Chicoréeblättern reichen.

Curryaufstrich mit Apfel

Zutaten

- 1–2 säuerliche Äpfel
- Saft einer halben Bio-Zitrone
- 200 g Frischkäse
- 2 EL Naturjoghurt
- 1 EL Haselnussöl
- 1 EL milder Curry
- Salz, Pfeffer aus der Mühle
- 1/2 Chilischote

Zubereitung

Äpfel schälen, vierteln und das Kerngehäuse ausschneiden. Dann die Spalten feinwürfelig schneiden und sofort mit Zitronensaft beträufeln. Frischkäse, Joghurt, Öl und Curry gut miteinander verrühren, Apfelwürfel dazugeben und mit Salz, Pfeffer und fein gehackter Chilischote abschmecken.

Extra-vagant

Melanzani-Paprika-Aufstrich

Zutaten

- 1 Melanzani (ca. 200 g)
- 2–3 rote Paprikaschoten
- 2 EL Olivenöl
- 1 Schalotte
- 2 Knoblauchzehen
- Salz
- Cayennepfeffer
- Zitronen- oder Limettensaft

Zubereitung

Backofen auf 220 °C vorheizen. Melanzani mehrmals mit einem Messer oder einer Gabel einstechen. Melanzani und Paprikaschoten im Ganzen und mit der Schale auf einen mit Alufolie belegten Rost legen und etwa 40–45 Minuten „backen“. Die Schale der Melanzani ist danach schon recht ausgetrocknet und rissig. Die Haut der Paprika wird dunkel und wirft Blasen.

Paprika und Melanzani in ein feuchtes Tuch einschlagen und ca. 5 Minuten rasten lassen. Dann mit einem Messer die Haut von Paprika und Melanzani abziehen. Stielansatz und aus den Paprikaschoten auch die Kerne entfernen, Gemüse grob zerteilen und mit dem Stabmixer pürieren. Schalotte und Knoblauch fein hacken und in Öl kurz anbraten. Mit dem Püree vermischen, mit Salz, Cayennepfeffer sowie Zitronen- oder Limettensaft abschmecken und auskühlen lassen.

Apropos

Dieser Aufstrich braucht Zeit, ist aber lauwarm genossen eine besonders feine Vorspeise oder kalt ideal zur Jause.

Variation

Probieren Sie auch Melanzani- oder Paprikaaufstrich pur: Melanzani bzw. Paprika wie oben beschrieben „backen" und dann die Haut abziehen. Für die Melanzani-Creme das Gemüse mit der Gabel zerdrücken, mit etwas Knoblauch und Olivenöl mischen. Mit Salz, Pfeffer, Thymianblättchen und Balsamicoessig abschmecken. Für die Paprika-Creme die gehäuteten Paprikaschoten zusammen mit Knoblauch pürieren. Olivenöl und Zitronensaft einrühren. Mit fein gehackter Chilischote, Salz und Pfeffer abschmecken.

Artischockencreme

Zutaten

- 250 g Artischockenherzen (aus dem Glas)
- 4 EL Crème fraîche
- 2 EL Olivenöl
- Saft einer halben Zitrone
- Salz, Pfeffer aus der Mühle
- Dijonsenf nach Geschmack
- 1/2 Bund Basilikum
- Kapern zum Dekorieren

Zubereitung

Die Artischockenherzen gut abtropfen lassen und sehr fein schneiden oder pürieren. Mit Crème fraîche, Olivenöl und Zitronensaft verrühren. Die Artischockencreme mit Salz, Pfeffer, Senf und gehacktem Basilikum abschmecken. Mit Kapern dekorieren.

Apropos

Der Aufstrich passt gut auf Crostini. Hierfür Ciabatta oder Baguette in Scheiben schneiden und im vorgeheizten Backofen bei 200 °C goldbraun backen. Jede Brotscheibe mit etwas Knoblauch einreiben und zusammen mit der Artischockencreme servieren.

Fava

Zutaten

- 200 g getrocknete Saubohnen (Dicke Bohnen, Pferdebohnen, Favebohnen)
- 1 Bund Dille
- 2 Frühlingszwiebeln
- 4–5 EL Olivenöl
- 1/2 Bund Petersilie
- Salz, Pfeffer aus der Mühle
- Zitronensaft

Zubereitung

Saubohnen über Nacht in kaltem Wasser einweichen. Am nächsten Tag das Einweichwasser abgießen, frisches Wasser und Dille im Ganzen dazugeben und in ca. 45 Minuten weich kochen. Bohnen abseihen, Dille entfernen und die Bohnen mit dem Stabmixer pürieren. Frühlingszwiebeln in feine Ringe schneiden. Bohnenpaste mit Zwiebeln, Olivenöl und gehackter Petersilie verrühren. Mit Salz und Pfeffer abschmecken und mit Zitronensaft beträufelt servieren.

Apropos

Fava ist eine griechische Spezialität und wird (als Vorspeise) sowohl heiß als auch kalt genossen.

Walnuss-Bohnen-Aufstrich

Zutaten

- 200 g getrocknete weiße Bohnen
- 3 Knoblauchzehen
- 4 EL Walnussöl
- 2 EL Weißwein oder 1 EL Zitronensaft
- 2 EL Walnusskerne
- 1/2 Bund Petersilie
- Salz, Pfeffer aus der Mühle
- einige halbierte Walnusskerne

Zubereitung

Bohnen über Nacht in kaltem Wasser einweichen. Am nächsten Tag das Einweichwasser abgießen, frisches Wasser dazugeben und ca. 1 Stunde kochen. Abseihen, dabei einen Teil des Kochwassers auffangen und zur Seite stellen. Knoblauch fein hacken und bei geringer Hitze in Walnussöl dünsten. Mit Weißwein oder Zitronensaft ablöschen

Die Bohnen mit Knoblauch und Öl pürieren. Falls die Creme zu fest ist, etwas Kochwasser unterrühren. Walnüsse hacken und ohne Fett in einer Pfanne leicht anrösten. Petersilie ebenfalls fein hacken. Die Creme mit Nüssen, Petersilie, Salz und Pfeffer abschmecken. Mit einigen halbierten Walnusskernen garnieren.

Apropos

Servieren Sie den Aufstrich auf getoastetem Baguette oder auf Chicoréeblättern.

Variation

Pürierte, gekochte Bohnen schmecken auch als Basis eines Aufstrichs mit fein geschnittenen getrockneten Tomaten und schwarzen Oliven, abgeschmeckt mit Zitronensaft, Olivenöl, Salz und Pfeffer oder auch mit fein gehacktem Ingwer und Knoblauch, roter Chilischote, Sesamöl, Salz und reichlich gehacktem Korianderkraut.

Kichererbsenpüree mit Granatapfel

Zutaten

- 150 g getrocknete Kichererbsen
- 1–2 Knoblauchzehen
- 3 EL Sesampaste
- Saft einer Zitrone
- 4 EL Olivenöl
- Salz
- 4 EL Granatapfelkerne

Zubereitung

Kichererbsen über Nacht in kaltem Wasser einweichen. Am nächsten Tag das Einweichwasser abgießen, frisches Wasser dazugeben und ca. eine Stunde lang weich kochen. Abseihen, dabei einen Teil des Kochwassers auffangen und zur Seite stellen.

Knoblauch fein hacken. Kichererbsen mit Knoblauch, Sesampaste, Zitronensaft, Olivenöl und etwas Kochwasser pürieren. Wenn die Konsistenz noch zu wenig cremig ist, etwas Kochwasser zugeben. Mit Salz abschmecken und mit Granatapfelkernen bestreuen.

Apropos

Für das klassische orientalische Hummus werden die gekochten Kichererbsen mit reichlich Zitronensaft, Salz und 4–5 EL Olivenöl püriert. Die Variante aus dem Vorderen Orient wird zusätzlich mit Tahin, also Sesampaste, und Knoblauch gewürzt. Hülsenfrüchte (Bohnen, Linsen, Kichererbsen etc.) vertragen eine kräftige Würzung.

Chili-Bohnen-Aufstrich mit Ananas

Zutaten

- 150 g getrocknete Bohnen (rote oder schwarze, ganz nach Belieben)
- 2–3 EL kalt gepresstes Sonnenblumenöl
- 1 Zwiebel
- 60 g Stangensellerie
- 150 g Ananasfruchtfleisch
- 1 Chilischote
- 1 EL Zitronensaft
- 1/2 TL ganze Kreuzkümmelsamen
- 1 Prise Zimt
- 1 Prise frisch geriebene Muskatnuss
- Salz

Zubereitung

Die Bohnen waschen und über Nacht in Wasser quellen lassen. Dann in frischem Wasser ungefähr eine Stunde lang weich kochen, abgießen und mit dem Öl pürieren. Zwiebel fein hacken, Stangensellerie und Ananas klein schneiden und unter die Bohnenmasse rühren. Chili sehr fein hacken. Den Aufstrich mit Zitronensaft und den Gewürzen abschmecken.

Apropos

Frische Ananas enthalten eiweißspaltende Enzyme, die die Verdauung unterstützen. Sie sind aber auch dafür verantwortlich, dass sich bei eiweißreichen Speisen nach einiger Zeit die Konsistenz und sogar der Geschmack verändert. Daher Aufstriche mit frischer Ananas erst kurz vor dem Verzehr zubereiten oder Früchte aus dem Glas oder der Dose verwenden. Diese wurden erhitzt und dadurch ist die Enzymwirkung gestoppt.

Belugalinsentatar

Zutaten

- 100 g Belugalinsen
- 2 kleine Karotten
- 70 g Knollensellerie
- 1/2 kleine Zucchini
- 1/2 rote Paprikaschote
- 1 Schalotte
- 1 Knoblauchzehe
- 3 EL Rapsöl
- Salz, Pfeffer aus der Mühle
- 1 EL Kapern
- Schale einer halben Bio-Orange
- 1/2 Bund Schnittlauch
- 3 EL Sauerrahm

Zubereitung

Linsen waschen, 20–25 Minuten in Wasser weich kochen und abseihen. Gemüse in feine Würfel schneiden. Schalotte sowie Knoblauch fein hacken und in Öl kurz andünsten. Das Gemüse zugeben, salzen und ca. 5 Minuten bissfest dünsten.

Danach abkühlen lassen. Mit den Linsen vermischen und mit Salz, Pfeffer, gehackten Kapern, Orangenschale und fein geschnittenem Schnittlauch würzen. Das Tatar vor dem Verzehr mit Sauerrahm binden.

Apropos

Die kleinen schwarzen Belugalinsen sind nach dem berühmten Belugakaviar benannt. Sie zerfallen beim Kochen nicht und haben ein besonders feines Aroma. Dieses Tatar ist eine hervorragende Begleitung zu Roastbeef oder geräucherter Forelle.

Tofuaufstrich mit Mais

Zutaten

- 150 g Naturtofu
- 50 g getrocknete Tomaten
- 1 Bund Basilikum
- 80 g Maiskörner (tiefgekühlt oder aus der Dose bzw. dem Glas)
- 50 g schwarze Oliven ohne Kerne
- Saft einer halben Bio-Zitrone
- 1 rote Chilischote
- Salz, Pfeffer aus der Mühle

Zubereitung

Tofu, getrocknete Tomaten und Basilikum mit dem Stabmixer pürieren. Oliven klein hacken und mit den Maiskörnern unter das Püree rühren. Mit gehackter Chilischote, Zitronensaft, Salz und Pfeffer abschmecken.

Räuchertofu-Aufstrich mit Karotten

Zutaten

- 150 g Räuchertofu
- 2 EL Olivenöl
- 1 TL Dijonsenf
- 1 Schalotte
- 2 kleine Essiggurken
- 1 EL Kapern
- 1–2 Karotten
- 1 Bund Schnittlauch
- Salz, Pfeffer aus der Mühle

Zubereitung

Räuchertofu mit Olivenöl und Senf vermischen und mit dem Stabmixer pürieren. Schalotte, Gurken und Kapern fein hacken. Karotten raspeln, Schnittlauch in feine Ringe schneiden. Alle Zutaten (außer Salz und Pfeffer) gut vermischen und erst danach mit Salz und Pfeffer abschmecken.

Oliven-Sardellen-Paste

(Tapenade)

Zutaten

- 150 g schwarze, entkernte Oliven
- 20 g Kapern
- 50 g Sardellenfilets
- 1 Knoblauchzehe
- Saft einer halben Bio-Zitrone
- 2 EL Cognac
- Salz, Pfeffer aus der Mühle

Zubereitung

Alle Zutaten (außer Salz und Pfeffer) miteinander mischen und mit dem Stabmixer pürieren. Zum Schluss mit Salz und Pfeffer abschmecken.

Apropos

Die Tapenade schmeckt besonders gut zu gerösteten Baguette- oder Weißbrotscheiben. Tapenade und Tapenade rouge stammen aus Südfrankreich und werden gerne als Vorspeise serviert.

Tomatenpaste

(Tapenade rouge)

Zutaten

- 2 Knoblauchzehen
- 150 g getrocknete, in Öl eingelegte Tomaten
- einige Zweige frischer Thymian, einige Rosmarinnadeln
- 2 EL Kapern
- 1 Prise Cayennepfeffer
- Salz, Pfeffer aus der Mühle
- Olivenöl nach Bedarf

Zubereitung

Knoblauch und Kräuter fein hacken. Getrocknete Tomaten und Knoblauch mit den Gewürzen mischen und mit dem Stabmixer pürieren. Olivenöl langsam nach und nach unterrühren, bis eine cremige Paste entsteht. Mit Salz und Pfeffer abschmecken.

Apropos

Wenn Sie getrocknete Tomaten verwenden, die nicht in Öl eingelegt sind, dann weichen Sie diese für ca. 10 Minuten in Wasser ein, gießen das Wasser dann ab und drücken die Tomaten leicht aus. Dann weiterverarbeiten wie auf Seite 72 beschrieben.

Tomaten-Ziegenkäse-Aufstrich mit Minze

Zutaten

- 150 g getrocknete, in Öl eingelegte Tomaten
- 150 g Ziegenfrischkäse
- 2 EL gehackte Minzeblätter
- Salz, Pfeffer aus der Mühle

Zubereitung

Die Tomaten in feine Streifen schneiden, mit Ziegenfrischkäse und den Gewürzen vorsichtig mischen.

Variation

Dieses Rezept können Sie auch mit gratinierten Cocktailtomaten zubereiten. Dafür die frischen Tomaten halbieren, mit der Schnittfläche nach oben auf ein Backblech setzen, mit etwas Thymian, Rosmarin, Salz und Pfeffer würzen und mit 3 EL Olivenöl beträufeln. Im vorgeheizten Backofen bei 230 °C ca. 10 Minuten grillen. Nach dem Abkühlen mit den restlichen Zutaten (s. o.) vermischen.

Tomatenaufstrich mit frischem Basilikum

Zutaten

- 300 g Fleischtomaten
- 4 EL Crème fraîche
- 50 g schwarze, entkernte Oliven
- 1 Bund frisches Basilikum
- Salz, Pfeffer aus der Mühle

Zubereitung

Fleischtomaten mit kochendem Wasser überbrühen, häuten, entkernen und in kleine Würfel schneiden. Oliven und Basilikum fein hacken. Alle Zutaten (außer Salz und Pfeffer) mit der Crème fraîche verrühren und erst dann mit Salz und Pfeffer abschmecken.

Champignonaufstrich

Zutaten

- 150 g Champignons
- 200 g Ricotta
- 1 EL Sauerrahm
- 1 Bund Kräuter (Kerbel, Petersilie, Basilikum)
- Salz, weißer Pfeffer aus der Mühle
- Saft einer halben Bio-Zitrone

Zubereitung

Champignons putzen (nicht waschen) und in feine Scheiben schneiden. Kurz in leicht gesalzenem Wasser mit einem Spritzer Zitronensaft blanchieren. Kalt abspülen und gut abtropfen lassen. Ricotta und Sauerrahm verrühren, Champignons und fein geschnittene Kräuter unterrühren. Mit Salz, Pfeffer und Zitronensaft abschmecken.

Pilzaufstrich

Zutaten

- 300 g Pilze (z. B. Champignons, Steinpilze, Austernpilze, Eierschwammerln)
- 1 Schalotte
- 1 Knoblauchzehe
- 2 EL Olivenöl
- Salz, Pfeffer aus der Mühle
- 1/2 Bund Petersilie
- 1/2 Bund Basilikum
- 50 g weiche Butter
- 2 EL getrocknete Cranberrys oder Heidelbeeren

Zubereitung

Die Pilze putzen (nicht waschen) und in feine Scheiben schneiden. Schalotte sowie Knoblauch fein hacken und in Olivenöl andünsten. Pilze dazugeben und 4–5 Minuten mitbraten. Mit Salz, Pfeffer sowie gehackten Kräutern würzen und auskühlen lassen. Mit weicher Butter pürieren. Zum Schluss mit gebratenen Pilzen und Cranberrys oder Heidelbeeren garnieren.

Apropos

Dieser Aufstrich sollte nach dem Zubereiten sofort serviert werden und passt ausgezeichnet zu getoastetem Brot.

Apropos

Der Champignonaufstrich eignet sich gut als Fülle für gegrillte Champignonköpfe. Dazu die Champignonköpfe mit Salz sowie Pfeffer würzen und mit Olivenöl bepinseln. Fülle hineinstreichen und im vorgeheizten Backofen bei etwa 220 °C je nach Größe ca. 5 Minuten übergrillen. Mit gehobeltem Parmesan garnieren und sofort servieren.

Apropos

Lassen Sie den Aufstrich über Nacht gut durchziehen. Er schmeckt erst am folgenden Tag so richtig lecker und passt besonders gut zu Sauce Cumberland.

Hühnerleberpastete mit Portwein

Zutaten

- 3 Schalotten
- 2 Knoblauchzehen
- 20 g Butter
- 2 EL Olivenöl
- 400 g Hühnerleber
- 1 EL Dijonsenf
- 1 Rosmarinzweig
- 200 ml roter Portwein
- Pfeffer aus der Mühle
- ca. 150 ml Schlagobers
- Salz

Zubereitung

Schalotten und Knoblauch fein hacken, in Butter und Olivenöl andünsten. Hühnerleber putzen, klein schneiden, dazugeben und gut durchrösten. Senf und gehackte Rosmarinnadeln zufügen und ebenfalls mitrösten. Mit Portwein ablöschen, pfeffern und ca. 10 Minuten köcheln lassen. Die Flüssigkeit sollte fast zur Gänze einreduziert sein. Auskühlen lassen. Mit dem Mixstab fein pürieren und dabei so viel Schlagobers zugeben, bis eine cremige Masse entsteht. Zum Schluss mit Salz abschmecken.

Sauce Cumberland

Zutaten

- je 4 EL eingelegte Preiselbeeren, Ribiselgelee, roter Portwein, kräftiger Rotwein
- geriebene Schale einer halben Bio-Zitrone und einer Bio-Orange
- 1 TL Dijonsenf
- Salz, Pfeffer aus der Mühle
- eventuell etwas geriebener Ingwer

Zubereitung

Rot- und Portwein mit den Zitrusfruchtschalen aufkochen. Preiselbeeren und Ribiselgelee einrühren. Mit Senf, Salz, Pfeffer und eventuell Ingwer abschmecken.

Apropos

Diese pikante Soße tauchte erstmals Anfang des 20. Jahrhunderts in einem französischen Kochbuch auf und wurde von dem berühmten Meisterkoch Auguste Escoffier (1846–1935) populär gemacht.

Hühneraufstrich mit Kokos und Ananas

Zutaten

- 200 g Hühnerbrust
- 2 Schalotten
- 1 Knoblauchzehe
- 2 EL Sesamöl
- 50 g Stangensellerie
- 1 walnussgroßes Stück Ingwer
- Currypulver nach Geschmack
- 80 ml ungesüßte Kokosmilch
- 150 g Ananasfruchtfleisch
- Salz, Pfeffer aus der Mühle

Zubereitung

Hühnerbrust in grobe Würfel schneiden. Schalotten und Knoblauch fein hacken, mit dem Huhn in Öl gut anbraten. Sellerie und Ingwer feinblättrig schneiden und kurz mitrösten. Curry und Kokosmilch zugeben und zugedeckt 10–15 Minuten köcheln. Hühnerbrust herausnehmen und abkühlen lassen. Hühnerfleisch und Ananas nun in feine Würfel schneiden. Die Soße wieder dazumischen und mit Salz und Pfeffer abschmecken. Gut gekühlt servieren.

Variationen

Hühnerfleisch schmeckt auch mit anderen Geschmackszutaten vermischt wunderbar als Aufstrich. Passende Kombinationen sind:

- Hühnerbrust, Walnüsse, Walnussöl, Petersilie
- Hühnerbrust, Apfel, Stangensellerie, Kokosmilch oder Schlagobers, Currypulver, Mandelblättchen
- Hühnerbrust, Rucola, Kapern, Olivenöl, Basilikum

Gänse-Rillettes

Zutaten

- 500 g Gänsebrust oder -keule
- 1 TL Honig
- Salz
- 2 Schalotten
- 3 Wacholderbeeren
- 3 Pimentkörner
- 4 schwarze Pfefferkörner
- 1 Lorbeerblatt
- 2 Thymianzweige
- 100 ml roter oder weißer Portwein
- 100 g Gänseschmalz
- abgeriebene Schale einer Bio-Zitrone

Zubereitung

Gänsebrust bzw. -keule häuten. Knochen entfernen. Haut und Fleisch in Stücke schneiden, mit Salz und Honig einreiben und in einem Bräter anbraten, sodass das Fett austritt. Dann die Haut entfernen.

Schalotten fein hacken und mit Wacholderbeeren, Piment, Pfeffer, Thymian sowie Lorbeerblatt zum Fleisch geben und kurz mitbraten. Mit Portwein aufgießen und zugedeckt bei kleiner Hitze ca. 2 Stunden schmoren. Regelmäßig durchrühren und bei Bedarf etwas Wasser zugießen.

Nach der Kochzeit das Fleisch mit der Gabel etwas zerteilen, Gänseschmalz dazugeben und mit Salz, Pfeffer und Zitronenschale abschmecken. In Gläser füllen und kühl stellen. Mindestens einen Tag durchziehen lassen.

Apropos

Rillettes ist ein besonders feiner französischer Aufstrich, der gerne als Vorspeise gereicht wird. Traditionellerweise werden dafür Schweinefleisch, Gänse- oder Entenbrust oder Kaninchenfleisch sowohl pur als auch gemischt verwendet.

Apfel-Erdnuss-Aufstrich

Zutaten

- 1 kleiner Apfel
- 100 g Magertopfen
- 3 EL Erdnussmus
- 1/2 TL mildes Currypulver
- 1 Msp. gemahlener Ingwer
- Salz, Pfeffer aus der Mühle

Zubereitung

Den Apfel schälen, vierteln und das Kerngehäuse ausschneiden. Apfel fein raspeln und mit Topfen und Erdnussmus verrühren. Den Aufstrich mit Curry, Ingwer, Salz und Pfeffer abschmecken.

Erdnuss-Kokos-Dip

Zutaten

- 80 g geröstete, ungesalzene Erdnüsse
- 1 Schalotte
- 1 EL Erdnussöl
- 1 Knoblauchzehe
- je 1 Msp. Koriander- und Kurkumapulver
- 1/2 TL gemahlener Kreuzkümmel
- 1/2 fein gehackte Chilischote
- 150 ml ungesüßte Kokosmilch
- 1 TL Honig
- Saft einer halben Bio-Zitrone
- Salz

Zubereitung

Erdnüsse grob hacken. Schalotte fein würfeln und in Öl anrösten. Gehackte Knoblauchzehe und Gewürze dazugeben und kurz mitrösten. Erdnüsse, Kokosmilch und Honig zufügen und alles 2–3 Minuten köcheln lassen. Mit Zitronensaft sowie Salz abschmecken und auskühlen lassen.

Apropos

Dieser Dip passt gut zu Gemüse oder gegrilltem Fleisch.

Süßes

Apropos

Birnenchips passen hervorragend zu Maroniaufstrich: 2 reife Birnen mit Schale und Kerngehäuse längs in hauchdünne Scheiben schneiden. 100 g Zucker in 100 ml Wasser in einer großen Pfanne zum Kochen bringen und 2–3 Minuten köcheln lassen. Pfanne vom Herd nehmen, Birnenscheiben einlegen und 2 Minuten ziehen lassen. Vorsichtig herausnehmen und auf ein mit Backpapier belegtes Blech legen. Ungefähr 1 1/2 Stunden im vorgeheizten Backofen bei etwa 120 °C trocknen, bis die Chips goldbraun sind. Auskühlen lassen.

Maroniaufstrich

Zutaten

- 200 g gekochte Maroni
- 150 ml Milch
- 1 Prise Salz
- Mark einer Vanilleschote
- 10 getrocknete Datteln
- 2 TL Kakaopulver
- 1 TL geriebene Schale einer Bio-Orange
- 40 g Butter
- 1 EL Honig

Zubereitung

Maroni durch ein Sieb passieren und in Milch mit Salz und Vanillemark zu einem dicken Püree einkochen. Den Topf vom Herd nehmen. Datteln entkernen, fein hacken und mit Orangenschale, Kakaopulver und Butter unter die warme Maronimasse rühren. Mit Honig süßen und kühl stellen.

Maroni-Mango-Aufstrich

Zutaten

- 200 g gekochte Maroni
- 1 reife Mango
- 3–4 EL Orangensaft
- 1 Prise Salz
- 1 TL Honig
- 40 g Butter
- etwas frisch geriebener Ingwer
- 1 Msp. Chilipulver

Zubereitung

Die Mango schälen und das Fleisch vom Kern schneiden. Maroni und Mangofleisch mit dem Stabmixer pürieren. Die Masse mit Orangensaft, Salz, Honig, weicher Butter, Ingwer und Chili verrühren.

Apropos

Die Mango kann auch durch 1–2 Bananen ersetzt werden. Dieser süße Aufstrich passt gut zu getoastetem Weißbrot oder Brioche.

Mandel-Kakao-Creme

Zutaten

- 200 g geschälte Mandeln
- 2–3 EL Blütenhonig
- 4 TL Kakaopulver
- 1 TL Pulverkaffee
- 1/2 TL Zimt
- 1 Prise Kardamompulver
- Mark einer Vanilleschote
- 50 g Butter

Zubereitung

Mandeln in einer Pfanne ohne Fett leicht anrösten. Auskühlen lassen und fein reiben. Die anderen Zutaten untermischen und das Ganze mit dem Stabmixer zu einer Creme pürieren.

Apropos

Mandeln lassen sich ganz einfach schälen: Mandeln 1–2 Minuten in Wasser aufkochen, dann kalt abschrecken und die Haut herunterziehen oder mit einem Tuch abrubbeln. Es können auch andere Nüsse (z. B. Hasel- oder Cashewnüsse) nach diesem Rezept verarbeitet werden.

Banane-Nuss-Aufstrich

Zutaten

- 1 Banane
- Saft und abgeriebene Schale einer halben Bio-Zitrone
- 1 TL Honig
- 30 g weiche Butter
- 100 g geriebene Hasel- oder Walnüsse
- 1 Prise Nelkenpulver

Zubereitung

Die Banane mit Zitronensaft, -schale, Honig und der weichen Butter vermischen und mit dem Stabmixer pürieren. Nüsse und Nelkenpulver unterrühren.

Apropos

Dieser Aufstrich schmeckt ausgezeichnet auf Brot, Reiswaffeln oder auch auf Apfelspalten.

Marillenaufstrich

Zutaten

- 200 g getrocknete Marillen
- 100 ml Apfelsaft
- 1 EL Honig
- Zimt nach Geschmack
- 80 ml Schlagobers
- Saft und Schale einer halben Bio-Zitrone

Zubereitung

Marillen grob zerschneiden, mit Apfelsaft, Honig sowie Zimtpulver aufkochen und 5–10 Minuten köcheln. Dann noch etwa 1 Stunde quellen lassen. Schlagobers dazugeben, mit dem Stabmixer pürieren und mit Zitronenschale sowie -saft abschmecken.

Apropos

Wer will, kann den Aufstrich mit 80 g Marzipanrohmasse, die einfach mitpüriert wird, verfeinern. Der Aufstrich ist eine feine Alternative zur Marmelade auf dem Frühstücks- oder Pausenbrot. Das Rezept schmeckt auch mit anderen Trockenfrüchten, pur oder gemischt: z. B. Rosinen, Datteln, Feigen oder Dörrzwetschken.

Feigen-Mohn-Aufstrich

Zutaten

- 100 ml Milch
- 50 g gemahlener Mohn
- 150 g getrocknete Feigen
- 3 EL gemahlene Mandeln
- eventuell etwas Schlagobers
- 1 Prise Zimt
- Mark einer halben Vanilleschote

Zubereitung

Milch aufkochen, Mohn einstreuen und etwa 5 Minuten sanft köcheln. Grob geschnittene Feigen und Mandeln in die Mohnmasse geben und mit dem Stabmixer pürieren. Damit der Aufstrich geschmeidiger wird, bei Bedarf etwas Schlagobers zugießen. Mit Zimt und Vanille abschmecken.

Walnuss-Honig-Aufstrich

Zutaten

- 200 g Walnusskerne
- 150 g Akazienhonig
- Zimt oder Chili je nach Geschmack

Zubereitung

Nüsse grob hacken und mit dem Honig vermischen. Mit Zimt oder Chili abschmecken. In Gläser abfüllen und eine Woche durchziehen lassen.

Apropos

Bringen Sie zu Ihrer nächsten Frühstückseinladung einmal diesen Aufstrich mit. Ihre Freunde werden begeistert sein!

Himbeer-Kokos-Aufstrich

Zutaten

- 100 g Kokosraspeln
- Saft je einer halben Bio-Orange und Bio-Zitrone
- 1–2 EL Honig
- 100 ml Schlagobers
- 100 g Himbeeren

Zubereitung

Kokosraspeln, Orangensaft, Zitronensaft, Honig und Schlagobers miteinander vermischen und mit dem Stabmixer pürieren, Himbeeren dazugeben und durchrühren.

Erdbeer-Ziegenkäse-Aufstrich

Zutaten

- 150 g Ziegenfrischkäse
- 1 EL Honig
- 250 g Erdbeeren
- Honig zum Beträufeln
- einige frische Basilikumblätter
- Pfeffer aus der Mühle

Zubereitung

Erdbeeren waschen, entstielen und vierteln. Ziegenfrischkäse cremig rühren, mit den Erdbeeren, Honig und Pfeffer verrühren. Mit etwas Honig beträufeln und mit Basilikum und Pfeffer bestreut servieren.

Apropos

Am allerbesten schmeckt dieser Aufstrich zu frischem Weißbrot.

Beeren-Topfen-Aufstrich

Zutaten

- 200g Magertopfen
- 1/2 Becher Naturjoghurt
- 200 g Beeren (z. B. Him-, Brom- oder Heidelbeeren)
- Honig nach Geschmack
- einige Minzeblättchen
- abgeriebene Schale einer halben Bio-Zitrone

Zubereitung

Topfen und Joghurt miteinander verrühren und die gewaschenen Beeren unterrühren. Den Aufstrich mit Honig süßen. Mit Minzeblättchen und Zitronenschale garnieren.

Apropos

Für Fruchttopfen eignen sich auch geriebener Apfel, Birne, zerdrückte Bananen oder Erdbeeren. Abgeschmeckt wird mit Zitrone, Zimt, Nelken- oder Kardamompulver.

Glossar & Register

Kleiner Küchendolmetscher

Dille – Dill
Dörrzwetschke – getrocknete Pflaume/Zwetschge
Eidotter – Eigelb
Eierschwammerl – Pfifferling
Eiklar – Eiweiß
Jause – Zwischenmahlzeit, Vesper
Karfiol – Blumenkohl
Karotte – Möhre, Gelbe Rübe
Kren – Meerrettich
Marille – Aprikose
Marmelade – Konfitüre
Maroni – Esskastanie
Melanzani – Aubergine
Palatschinke – Pfannkuchen
Ribisel – Johannisbeere
Rosine – getrocknete Weinbeere
Rote Rübe – Rote Beete, Rande, Rohnen
Sauerrahm – saure Sahne, Schmand
Schlagobers – Schlagsahne, Süßrahm
Topfen – Quark

Rezeptregister

Bildquellen

Umschlag und Inhalt: Miguel Dieterich
Cover: Bärlauchaufstrich, Rezept S. 42

Dank

Ich möchte allen danken, die bei der Umsetzung und Realisierung dieses Buches mitgewirkt haben. Ein herzliches Dankeschön meiner Kollegin Karin Kaiblinger, die mich bei der Auswahl der Rezepte unterstützt hat. Vielen Dank auch Jürgen Ehrmann und Miguel Dieterich, die dafür sorgten, dass das Buch auch ein Augenschmaus wurde.

gutessen consulting
Schönbrunnerstraße 61/13
A-1050 Wien

Tel. + Fax: 01/545 05 13
www.gutessen.at

Impressum

avBuch im Cadmos Verlag

2. Auflage 2014

Projektleitung: Alexandra Mlakar, avBUCH
Redaktion, Satz: Jürgen Ehrmann, media-solutions.at
Umschlag & Layout: Ravenstein + Partner, Verden

Druck und Bindung: Himmer AG, Augsburg
Printed in Germany

Deutsche Nationalbibliothek – CIP-Einheitsaufnahme
Die Deutsche Nationalbibliothek verzeichnet diese Publikation in der Deutschen Nationalbibliografie; detaillierte bibliografische Daten sind im Internet über http://dnb.ddb.de abrufbar.

ISBN: 978-3-7040-2353-7